KETO
RECETAS SIMPLES DE PAN

RECETAS SIMPLES Y FÁCILES DE PAN
KETO PARA HACER CON SU
PANIFICADORA, MICROONDAS, OLLA A
VAPOR Y HORNO

SHARON BASIAR

INDICE

Ketosis Y Dieta Ketogénica

El uso principal y más popular de la dieta **Ceto** o **Keto** entre los usuarios es para la pérdida de peso.

La dieta Keto hace más hincapié en las proteínas y las grasas saludables. La grasa, en este caso, se refiere a las grasas saturadas y mono saturadas, que en realidad son beneficiosas para el cuerpo y no son insalubres en absoluto.

Para que nuestro cuerpo funcione bien, necesitamos todo un grupo de nutrientes para hacerlo. Por lo tanto, lo que consumimos al final del día debe ser capaz de satisfacer estas necesidades. Los nutrientes que consumimos se dividen en dos grupos esenciales: los macronutrientes y los micronutrientes. Los macronutrientes son, por ejemplo, los hidratos de carbono, las proteínas y las grasas, mientras que los micronutrientes son los minerales y las vitaminas que se encuentran en los alimentos que consumimos.

Tipos de dieta Ketogénica

Hay diferentes tipos de dieta Ketogénica disponibles hoy en día. Estos son esencialmente fáciles de trabajar y mantener a largo plazo. Estos tipos incluyen los siguientes:

DKE (Dieta Ketogénica Estándar)

Se caracteriza por consumir un 75% de grasas, un 20% de proteínas y un 10% de carbohidratos. Esto significa que todas las comidas deben basarse en buenas fuentes de grasas, incluyendo carnes grasas, aceitunas, aceites de oliva, nueces y aguacates. Esto significa que el cuerpo cambiará y empezará a quemar la grasa como su principal fuente de combustible debido a la menor cantidad de carbohidratos consumidos. Se centrará en consumir más verduras y frutas bajas en almidón. La proteína consumida también será baja, pero no tanto como el número de carbohidratos consumidos.

DKAP (Dieta Keto Alta en Proteínas)

Se caracteriza por consumir esencialmente un 60% de grasas, un 30% de proteínas y un 10% de carbohidratos. Este plan se basa en una ingesta alta de proteínas sin dejar de consumir las mismas cantidades de carbohidratos. Este tipo de dieta Keto es más popular porque permite un mayor consumo de proteínas. El único problema es que este tipo de dieta Keto puede no permitirle alcanzar un estado de Ketosis porque la proteína puede convertirse en glucosa.

DCK (Dieta Cíclica de Keto)

Esto se caracteriza por dividir los días en que usted está en la dieta Keto en algunos días y fuera de ella en algunos. En los días en que usted está en la dieta Keto, se requiere que consuma 10% de carbohidratos, 20% de proteínas y 70% de grasas. En sus días libres, se le permite consumir 50% de carbohidratos, 25% de proteínas y 25% de grasas. Esto significa que en sus días libres, usted puede disfrutar más de los tipos normales de alimentos en comparación con sus días Keto.

DKD (Dieta Keto Dirigida)

Este tipo de dieta Keto se caracteriza por una ingesta de 20% de proteínas, 15% de carbohidratos y 65% de grasas. La DKD es más popular entre las personas muy activas, como los atletas y los entusiastas del fitness. La DKD permite consumir unos 30 gramos de carbohidratos enteros antes de comenzar un entrenamiento y después de terminarlo. Con la intensidad de la actividad física, la cantidad adicional de carbohidratos consumidos se quema fácilmente y no se almacena como grasa.

RECETAS DE PANES KETO

1. Pan Focaccia Con Hierbas

Tiempo de preparación: 3:30 horas

Tiempo de cocción: 45 minutos

Raciones: 8

Dificultad: Experto

INGREDIENTES:

Masa:

⇒ 1 taza de agua
⇒ 2 cucharadas de aceite de canola
⇒ 1 cucharadita de sal
⇒ 1 cucharadita de albahaca seca
⇒ 3 tazas de harina de pan
⇒ 2 cucharaditas de levadura de máquina de pan

Recubrimiento:

⇒ 1 cucharada de aceite de canola
⇒ ½ taza de albahaca fresca
⇒ 1 ramito de romero fresco
⇒ 2 dientes de ajo (al gusto)
⇒ 2 cucharadas de queso parmesano rallado
⇒ 1 pizca de sal
⇒ 1 cucharada de harina de maíz (opcional)

INSTRUCCIONES:

1. Ponga todos los ingredientes del pan focaccia en su máquina de pan, en la forma en que están listados arriba - comenzando con el agua y terminando con la levadura. Haga un hueco en el centro de la harina y coloque la levadura en el hueco. Asegúrese de que el pozo no toque ningún líquido. Poner la máquina de pan en la función Masa.

2. Comprueba la masa después de unos 5 minutos y asegúrate de que es una bola suave. Añade agua -1 cucharada a la vez si está demasiado seca, y añade harina- 1 cucharada a la vez si está demasiado húmeda.

3. Cuando la masa esté lista, ponla en una superficie dura ligeramente enharinada. Tapar la masa y dejarla reposar durante 10 minutos.

4. Mientras la masa reposa, picar el ajo, la albahaca y el romero, engrasar un molde de 33x22 cm y espolvorear uniformemente con harina de maíz por encima (opcional).

5. Una vez que la masa haya reposado, abrala en el molde engrasado. Rocía la masa con aceite y espolvorea uniformemente con el parmesano salado, el romero, el ajo y la albahaca. Deje reposar unos 30 minutos.

6. Asse en horno pre calentado a 180°C por cerca de 45 minutos o hasta que esté dorada.

NUTRICIÓN:

⇒ Calorías: 108
⇒ Carbohidratos: 37,4 g
⇒ Fibra: 1,6 g
⇒ Grasa: 7,3 g
⇒ Proteínas: 7,7 g

2. Pan De Queso Y Bacon

Tiempo de preparación: 1 hora

Tiempo de cocción: 45 a 50 minutos

Raciones: 10

INGREDIENTES:

⇒ 1/3 de taza de crema agria
⇒ 4 cucharadas de mantequilla derretida
⇒ 1 ½ tazas de harina de almendra
⇒ 1 taza de queso rallado
⇒ 1 cucharada de polvo de hornear
⇒ 2 huevos grandes
⇒ 200 g de bacon

INSTRUCCIONES:

1. Precaliente el horno a 180°. Forre un molde para pan con papel para hornear.
2. Corte en dados el bacon y cocinalo hasta que esté crujiente.
3. En un bol, mezcle con un tenedor la harina de almendras y la levadura en polvo.
4. Con una batidora de mano, incorpore la crema agria y los huevos a la mezcla de harina. Añada a la mezcla de ingredientes secos junto con la mantequilla enfriada y mezcle bien.
5. Añada el queso rallado y el bacon cocido a la masa.
6. Coloque la masa en el molde para pan. Espolvoree la parte superior con más queso si se quiere que el pan sea extra *cursi*.
7. Hornee durante 45 a 50 minutos.
8. Deje enfriar, corte en rodajas y serva.

NUTRICIÓN:

⇒ Calorías: 292
⇒ Grasa: 13 g
⇒ Carbohidratos: 4 g
⇒ Proteínas: 3 g

3. Pan de Cerveza Con Queso Cheddar

Tiempo de preparación: 5 minutos

Tiempo de cocción: 60 minutos

Raciones: 8

INGREDIENTES:

⇒ 1 ½ tazas de harina de almendra fina
⇒ 3 cucharaditas de mantequilla derretida sin sal
⇒ Una cucharadita de sal
⇒ 1 huevo
⇒ 2 cucharaditas de edulcorante swerve
⇒ 1 taza de cerveza Keto baja en carbohidratos
⇒ ¾ cucharadita de levadura en polvo
⇒ ½ taza de queso cheddar rallado
⇒ ½ cucharadita de levadura seca activa

INSTRUCCIONES:

1. Prepare un recipiente para mezclar, donde combinarás la harina de almendras, el edulcorante swerve, la sal, el queso cheddar rallado y la levadura en polvo.
2. Prepare otro recipiente para mezclar, donde combinará la mantequilla derretida sin sal, el huevo y la cerveza Keto baja en carbohidratos.
3. Siguiendo las instrucciones del manual de tu máquina, vierte los ingredientes en el recipiente para el pan, teniendo cuidado de seguir la forma de mezclar la levadura.
4. Coloque el recipiente para el pan en la máquina y seleccione el ajuste de pan básico, junto con el tamaño del pan y el tipo de corteza, si está disponible, y pulse Inicio una vez que haya cerrado la tapa de la máquina.

5. Cuando el pan esté listo, retire el recipiente de la máquina con ayuda de unos guantes de cocina. Utilice una espátula inoxidable para extraer el pan del molde y coloque el molde boca abajo en una rejilla metálica donde el pan se enfriará antes de cortarlo.

Nutrición:

- Calorías: 80

- Grasa: 1,5 g

- Carbohidratos 13 g

- Proteínas: 3 g

4. Panecillos De Maíz Con Jalapeños

Tiempo de cocción: 21 minutos

Raciones: 6

INGREDIENTES:

Ingredientes secos:

⇒ 1 ½ taza de harina de almendra
⇒ ½ taza de harina de linaza brillante
⇒ 2 cucharaditas de polvo para calentar
⇒ 1 cucharadita de sal

Ingredientes húmedos:

⇒ ½ taza de crema de leche entera
⇒ 4 cucharadas de pasta para untar ablandada
⇒ 4 huevos grandes
⇒ 10 gotas de stevia fluida
⇒ 1 cucharadita de maíz dulce Amoretti separado
⇒ ½ taza de Cheddar afilado molido
⇒ 2 jalapeños nuevos, sin semillas ni películas*.

INSTRUCCIONES:

1. Precaliente el horno a 190°C. Prepare una bandeja para porciones pequeñas (6 porciones) rociando con aceite de cocina o engrasando con margarina para evitar que se pegue.
2. En un bol grande, bata los ingredientes secos incluyendo la harina de almendra, la harina de linaza brillante, la preparación en polvo y la sal.
3. En un bol mediano, bata los ingredientes húmedos. Mezcle los ingredientes húmedos y secos, y luego agregue jalapeños picados y el cheddar molido en la batidora.

4. Coloque el batido de forma equitativa en el recipiente de las porciones preparadas. Cubra cada porción con un anillo de pimiento jalapeño para decorar.

5. Hornee durante 20-22 minutos o hasta que las porciones comiencen a volverse brillantes y más oscuras.

6. Deje enfriar las porciones durante 5 minutos y después transferirl en plato para servir.

7. ¡Que disfrute!

NUTRICIÓN:

⇒ Calorías: 230
⇒ Carbohidratos: 4 g
⇒ Carbohidratos netos: 1,5 g
⇒ Fibra: 9,5 g
⇒ Grasa: 10 g
⇒ Proteínas: 5 g
⇒ Azúcares: 3 g

5. Pan Italiano De Queso Azul

Tiempo de preparación: 3 horas

Tiempo de cocción: 30 minutos

Raciones: 8

INGREDIENTES:

⇒ 1 cucharadita de levadura seca
⇒ 2 ½ tazas de harina de almendra
⇒ 1 ½ cucharadita de sal
⇒ 1 cucharada de azúcar
⇒ 1 cucharada de aceite de oliva
⇒ ½ taza de queso azul
⇒ 1 taza de agua

INSTRUCCIONES:

1. Mezcle todos los ingredientes en el recipiente de su panificadora. Elija la función pan blanco y corteza ligera. Siga las instrucciones del fabricante de su panificadora.
2. Despues de assado, deje enfriar 5 minutos y transfira para una rellilla.
3. ¡Buen provecho!

NUTRICIÓN:

⇒ Carbohidratos: 5 g
⇒ Grasas: 4,6 g
⇒ Proteínas: 6 g
⇒ Calorías: 194

6. Pan De Queso Con Bacon Y Jalapeños

Tiempo de preparación: 5 minutos

Tiempo de cocción: 40 minutos

Raciones: 12

INGREDIENTES:

- ⇒ 1 taza de linaza dorada molida
- ⇒ 3/4 de taza de harina de coco
- ⇒ 2 cucharaditas de polvo de hornear
- ⇒ 1/4 cucharadita de pimienta negra
- ⇒ 1 cucharadita de eritritol
- ⇒ 1/3 de taza de jalapeño encurtido
- ⇒ 200 g de queso crema, entero
- ⇒ 4 huevos
- ⇒ 3 tazas de queso cheddar fuerte, rallado + 1/4 de taza extra para la cobertura
- ⇒ 3 cucharadas de queso parmesano rallado
- ⇒ 1 1/4 tazas de leche de almendras
- ⇒ 5 rebanadas de bacon (hecho y desmenuzado)
- ⇒ 1/4 de taza de manteca de cerdo (puede ser la que queda de la preparación del bacon)

INSTRUCCIONES:

1. Prepare el bacon en una sartén grande, déjelo enfriar en toallas de papel. Puedes guardar 1/4 de taza de la grasa del bacon para la receta, deje que se enfríe un poco antes de usarla.
2. Añada los ingredientes húmedos al recipiente de la máquina de pan, incluyendo la manteca de cerdo80 la grasa de la preparación del bacon) fría.
3. Añada el resto de los ingredientes.
4. Ponga la máquina de pan en el ajuste de pan rápido.

5. Cuando el pan esté hecho, retire el recipiente de la máquina de pan de la máquina de pan.
6. Deje que se enfríe ligeramente antes de transferirlo a una rejilla para enfriar.
7. Una vez en la rejilla de enfriamiento, cubrir con el resto del queso Cheddar.
8. Puedes guardar el pan hasta 7 días.

NUTRICIÓN:

⇒ Calorías: 235
⇒ Carbohidratos: 5 g
⇒ Proteínas: 11 g
⇒ Grasa: 17 g

7. Pan Keto De Harina De Almendra

Tiempo de preparación: 7 minutos

Tiempo de cocción: 30 minutos

Raciones: 7

INGREDIENTES:

⇒ 1 ½ tazas de harina de almendra
⇒ 6 huevos grandes separados
⇒ 1/4 de taza de mantequilla ablandada
⇒ 3 cucharaditas de polvo para calentar
⇒ ¼ de cucharadita de cremor tártaro no pasa nada si no tienes esto
⇒ 1 pellizco de sal rosa del Himalaya
⇒ 6 gotas de stevia líquida a gusto

INSTRUCCIONES:

1. Precalentar el horno a 190°C
2. Separe las claras de las yemas. Añadir el cremor tártaro a las claras y batir hasta que se cuajen los delicados pináculos.
3. En un bol grande, mezcle las yemas de huevo, 1/3 de las claras batidas, la margarina derretida, la harina de almendras, la preparación en polvo y la sal. (Añadir unas 6 gotas de stevia líquida a la mezcla puede ayudar a disminuir el sabor a huevo batido). Mezclar hasta que se combinen. Esto será una masa espesa desigual hasta que se añadan las claras.
4. Añada los 2/3 restantes de las claras de huevo y batir suavemente hasta que estén bien mezcladas. Tenga cuidado de no mezclar en exceso, ya que esta es la mezcla que da el volumen al pan.

5. Vierta la mezcla en una fuente de 22x10 cm untada con mantequilla. Asse durante 30 minutos. Con un palillo, comprobar si el pan está bien hecho.

NUTRICIÓN:

⇒ Calorías: 210
⇒ Carbohidratos: 9 g
⇒ Carbohidratos netos: 2,5 g
⇒ Fibra: 5 g
⇒ Grasa: 10 g
⇒ Proteínas: 9 g

8. *Bagels* Desayuno Con Bacon

Tiempo de preparación: 7 minutos

Tiempo de cocción: 18 minutos

Dificultad: alta

Raciones: 6

INGREDIENTES:

- ⇒ ¾ de taza de harina de almendra
- ⇒ 1 cucharadita de espesante
- ⇒ 1 huevo grande
- ⇒ 1 ½ tazas de mozzarella cortada en trocitos
- ⇒ 2 cucharadas de crema de Cheddar
- ⇒ 1 cucharada de pasta para untar, ablandada
- ⇒ Semillas de sésamo al gusto
- ⇒ 2 cucharadas de pesto
- ⇒ 2 cucharadas de crema de Cheddar
- ⇒ 1 taza de hojas de rúcula
- ⇒ 6 lonchas de bacon *streaky* abrasado

INSTRUCCIONES:

1. Precaliente el horno a 200°C.
2. En un bol, combine la harina de almendra y el espesante. Luego, agregue el huevo y mezcle hasta que esté muy bien amasado. Ponga el bol con la masa en un lugar fresco. Se asemejará a una bola cruda.
3. En una olla, a fuego medio-bajo, derretir poco a poco la crema de cheddar y la mozzarella juntas y retirar del fuego una vez ablandadas. Esto debería ser posible también en el microondas.
4. Añada la mezcla de cheddar ablandada a la mezcla de harina de almendra y mezcle hasta que todo esté combinado. La mezcla de mozzarella se pegará en una especie de bola, pero no te estreses, aguanta con ella. A la larga, todo se mezclará bien. Es imprescindible que la harina se funda con la mezcla de cheddar. En el caso de que la mezcla se vuelva demasiado espesa para trabajar, colóquela en el microondas durante 10-20 segundos para calentarla y vuelva a trabajarla hasta que tenga algo que parezca una masa.

---

5. Dividir la mezcla en 6 partes y forme troncos redondos. Si tienes una bandeja para donuts, coloca los troncos en el recipiente. Si no, haz círculos con cada tronco y consolídalo y colócalo en un plato de preparación. Asegúrese de tener círculos parecidos. El otro método para hacer esto es hacer una bola y aplastar con cuidado en la bandeja y cortar un aro del centro.

6. Derrita la margarina y pincele sobre el punto más alto de sus *bagels* y espolvoree semillas de sésamo o la guarnición que desee. La margarina debe permitir que las semillas se peguen. El ajo y la cebolla en polvo o el queso cheddar son ingredientes opcionales, en el caso de que los tenga para conseguir unos bagels llenos de sabor.

7. Coloque los bagels en el horno durante unos 18 minutos. Vigilarlos. La parte superior debe ir brillante de color oscuro.

8. Sacar los bagels del horno y dejar que se enfríen.

9. Si te gustan los bagels tostados, córtalos por la mitad a lo largo y vuelve a ponerlos en el horno hasta que estén algo brillantes y tostados.

10. Unte el bagel con queso cheddar cremoso, unte con pesto, incluya un par de hojas de rúcula y cubra con su bacon fresco y corcante (o el relleno que desee).

NUTRICIÓN:

⇒ Calorías: 90

⇒ Grasas: 8 g

⇒ Carbohidratos: 4 g

⇒ Carbohidratos netos: 2,5 g

⇒ Fibra: 4,5 g

⇒ Proteínas: 8 g

9. Pan Keto De Colágeno

Tiempo de preparación: 5 minutos

Tiempo de cocción: 40 minutos

Raciones: 8

INGREDIENTES:

⇒ 1/2 taza de proteína de colágeno alimentada con pasto sin sabor

⇒ 6 cucharadas de harina de almendras

⇒ 5 huevos alimentados, aislados

⇒ 1 cucharada de aceite de coco fluido sin sabor

⇒ 1 cucharadita de polvo preparador sin aluminio

⇒ 1 cucharadita de espesante

⇒ 1 pellizco de sal rosa del Himalaya

⇒ Opcional: un pellizco de estevia

INSTRUCCIONES:

1. Precalentar el horno a 170°C.
2. Engrase generosamente sólo el fondo de la base de una bandeja de vidrio o arcilla de tamaño estándar con aceite de coco (o de untar o ghee). O, por el contrario, puede utilizar un poco de papel vegetal, cortado a la medida de la base de la fuente. No aceitar o cubrir los lados de su plato, esto permitirá que el pan se pegue a los lados y se mantenga levantado mientras se enfría.
3. En un bol grande, batir las claras de huevo hasta que se forme una estructura de pináculos firmes. Poner en un lugar fresco.
4. En un bol pequeño, bata los ingredientes secos y reserve en un lugar fresco. Añade el pellizco de estevia, en el caso de que no seas un entusiasta de los huevos. Ayudará a compensar el sabor sin añadir dulzor a tu ración.

5. En un pequeño bol, bate los ingredientes húmedos: las yemas de huevo y el aceite de coco fluido, y ponlos en un lugar fresco.
6. Añada los ingredientes secos y los húmedos a las claras de huevo y bata hasta que estén bien combinados. Tu batido será espeso y algo pegajoso.
7. Vierta la mezcla en el recipiente de horno aceitado o forrado y ponlo al horno.
8. Hornea durante 40 minutos. El pan subirá bastante en el horno.
9. Retire del horno y deje que se enfríe totalmente durante 1 ó 2 horas. El pan se hundirá un poco y no pasa nada.
10. Cuando el pan se haya enfriado, pase el filo de una cuchilla por los bordes del plato para transferir la porción.
11. Cortar en 12 cortes uniformes y buen provecho.

NUTRICIÓN:

⇒ Calorías: 20
⇒ Carbohidratos 8 g
⇒ Carbohidratos netos: 2,5 g
⇒ Fibra: 4,5 g
⇒ Grasa: 6 g
⇒ Proteínas: 8 g

10. Pan De Nubes Fácil

Tiempo de preparación: 15 minutos

Tiempo de cocción: 20-25 minutos

Raciones: 6

INGREDIENTES:

⇒ 3 huevos
⇒ 3 cucharaditas de crema de coco refrigerado o de leche de coco entera
⇒ 1/2 cucharadita de preparación en polvo
⇒ Ingredientes opcionales: sal marina, pimienta oscura y romero o cualquier condimento que le guste

INSTRUCCIONES:

1. En primer lugar, prepara todo. Cuando te pongas en marcha, tendrás que moverte rápidamente así que ten todo a mano. Precaliente horno a 170°C y coloque la rejilla en el centro. Forra una bandeja de horno con papel vegetal y ponla en un lugar cerca de ti. Coge tus aparatos: batidora de mano (también puedes usar una batidora de pie, aunque yo la veo mejor para batir las claras de huevo), todos los ingredientes, cualquier condimento extra, dos boles para batir (el más grande debería usarse para las claras de huevo), una cuchara grande para recoger y dejar caer el pan.

2. Utilizando un tarro de leche de coco entera que se haya refrigerado durante un par de horas, saca con una cuchara la crema de coco y añádela al bol más pequeño.

3. Separar los huevos en los dos platos, añadiendo la yema al bol con la crema, y con cuidado de que la yema no entre en las claras del bol más grande.

4. Con una batidora de mano, batir primero la yema y la nata hasta que sean lisa y suave, asegurándose de que no queden grumos de coco.

5. Lava bien tus batidores y sécalos.

6. Añada el polvo de preparación a las claras y empieza a batir a media potencia con la batidora de mano durante un par de minutos, moviendo y verás como se pone más firme. Sigue batiendo un par de minutos, tienes que conseguir que quede

lo más espeso posible con los picos firmes. Cuanto más gruesa sea, mejor. Simplemente no te pases.

7. Rápidamente y con precaución, añada la mezcla de yema y coco a las claras, removiendo con una espátula, con cuidado para no mezclar en exceso. Sigue batiendo hasta que todo esté muy consolidado, pero suave.

8. Ahora puedes coger la cuchara y empezar a dejar caer la masa sobre la bandeja de horno. Sigue mezclando lo más rápido y cauteloso que puedas, o empezará a licuarse. Deben tener un aspecto acolchado.

9. Colocar la bandeja en la rejilla central del horno y hornear durante unos 20-25 minutos. Debería tener la opción de levantarlas con su espátula y ver una parte superior suave y una base nivelada. ¡Buen provecho¡

Nota: Puedes guardarlos en la nevera durante aproximadamente una semana o congélelos.

NUTRICIÓN:

⇒ Calorías: 300
⇒ Carbohidratos 4 g
⇒ Carbohidratos netos: 2.5 g
⇒ Fibra: 4,5 g
⇒ Grasa: 8 g
⇒ Proteínas: 8 g

11. Palillos De Pan Keto

Tiempo de preparación: 15 minutos

Tiempo de cocción: 15 minutos

Raciones: 15 a 20 pallillos

INGREDIENTES:

Base de palitos de pan:

⇒ 2 tazas de queso mozzarella

⇒ 3/4 de taza de harina de almendra

⇒ 1 cucharada de polvo de cáscara de psilio

⇒ 3 cucharadas de queso crema

⇒ 1 huevo grande

⇒ 1 cucharadita de preparación en polvo

Estilo italiano (Grissini):

⇒ 2 cucharadas de condimento italiano

⇒ 1 cucharadita de sal

⇒ 1 cucharadita de pimienta

Extra de queso

⇒ 1 cucharadita de ajo en polvo

⇒ 1 cucharadita de cebolla en polvo

⇒ 80 g de queso Cheddar

⇒ 1/4 de taza de queso parmesano

⇒ Azúcar de canela

⇒ 3 cucharadas de pasta para untar

⇒ 6 cucharadas de edulcorante swerve

⇒ 2 cucharadas de canela

INSTRUCCIONES:

1. Precaliente el horno a 200°C.
2. Mezcle el huevo y la crema de cheddar. En otro bol grande, mezcle todos los ingredientes secos.
3. Mezcle la mozzarella y el cheddar y calente en el microondas en intervalos de 20 segundos hasta que chisporrotee.
4. Añada el huevo, la crema de cheddar y los ingredientes secos a la mozzarella y el cheddar y mezcle.
5. Con las manos, amasar la masa hasta que esté lisa.
6. Transfiere la masa para una superficie plana e antiadherente. Use una espátula para ayudar moldear los pallillos (de 15 a 20 pallillos de 1 cm de grossor por 12 cm de largo). Luego sazona la mezcla con los sabores que te gusten.
7. Hornea de 13 a 15 minutos en la rejilla superior hasta que esté hecho.
8. ¡Serva caliente que sabe mejor!

NUTRICIÓN:

⇒ Calorías: 60
⇒ Carbohidratos: 4 g
⇒ Carbohidratos netos: 2,5 g
⇒ Fibra: 4,5 g
⇒ Grasa: 6 g
⇒ Proteínas: 4 g

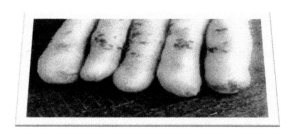

12. *Bagels* De Pan Keto

Tiempo de preparación: 5 minutos

Tiempo de cocción: 25 minutos

Raciones: 6

INGREDIENTES:

⇒ 1 taza de harina de almendras
⇒ 1/4 de taza de harina de coco
⇒ 1 cucharada de cáscara de psilio en polvo
⇒ 1 cucharadita de polvo de preparación
⇒ 1 cucharadita de ajo en polvo
⇒ Una pizca de sal
⇒ 2 huevos medianos
⇒ 2 cucharaditas de vinagre de vino blanco
⇒ 2 ½ cucharadas de ghee disuelto
⇒ 1 cucharada de aceite de oliva
⇒ 1 cucharadita de semillas de sésamo

INSTRUCCIONES:

1. Precaliente el horno a 160°C.
2. Mezcle la harina de almendras, la harina de coco, la cáscara de psilio en polvo, la preparación en polvo, el ajo en polvo y la sal en un bol grande.
3. En otro bol, bata los huevos y el vinagre. Incorpore poco a poco el *ghee* disuelto (que no debe estar caliente) y bata bien.
4. Añada la mezcla húmeda a la seca y utilice una cuchara de madera para mezclar bien. Deje reposar durante 2-3 minutos.
5. Divida la mezcla en 6 trozos de medida equivalente. Con las manos, dé forma redonda a la mezcla y coloque en una bandeja cubierta con papel vegetal. Utilice una cucharilla o un descorazonador de manzanas para hacer el hueco central.

6. Unte la parte superior con aceite de oliva y extienda las semillas de sésamo.
7. Asse durante 20-25 minutos hasta que estén bien doradas.
8. ¡Deje que se enfríen un poco antes de servirlas!

NUTRICIÓN:

⇒ Calorías: 10
⇒ Carbohidratos 1 g
⇒ Carbohidratos netos: 1,5 g
⇒ Fibra: 2,5 g
⇒ Grasa: 8 g
⇒ Proteínas: 9 g

13. Pan De Maíz Con Arándanos Y Jalapeños

Tiempo de preparación: 6 minutos

Tiempo de cocción: 25 minutos

Raciones: 8

INGREDIENTES:

⇒ 1 taza de harina de coco
⇒ 1/3 de taza de edulcorante Swerve u otro eritritol
⇒ 1 cucharadita de polvo para calentar
⇒ 1/2 cucharadita de sal
⇒ 7 huevos grandes, suavemente batidos
⇒ 1 taza de leche de almendras sin azúcar
⇒ 1/2 taza de margarina, ablandada o aceite de aguacate
⇒ 1/2 cucharadita de vainilla
⇒ 1 taza de arándanos crujientes cortados por la mitad
⇒ 3 cucharaditas de chiles jalapeños picados
⇒ 1 jalapeño, sin semillas, cortado en 12 trozos, para decorar

INSTRUCCIONES:

1. Precaliente el horno a 170°C y engrase bien un molde para galletas o forrarlo con papel vegetal.
2. En un bol mediano, bata la harina de coco, el azúcar, el polvo para calentar y la sal. Separe los grumos con la parte trasera de un tenedor.
3. Incorpore los huevos ablandados para untar y la leche de almendras y bata bien.
4. Incorpore el concentrado de vainilla y siga mezclando hasta que la mezcla esté suave y muy unida. Incorpore a la masa los arándanos rojos y los jalapeños.

5. Reparta equitativamente la masa en los huecos para galleta disponibles y coloque una rodaja de jalapeño sobre cada una.
6. Hornee de 25 a 30 minutos o hasta que la parte superior esté dorada. Deje que se enfríen durante 10 minutos en la badeja; luego pase a una rejilla para que se enfríen totalmente.

NUTRICIÓN:

⇒ Cal: 10
⇒ Carbohidratos 4 g
⇒ Carbohidratos netos: 2,5 g
⇒ Fibra: 4,5 g
⇒ Grasa: 8 g
⇒ Proteínas: 8 g

14. Pan Keto De Zucchini Con Almendras

Tiempo de preparación: 15 minutos

Tiempo de cocción: 10 minutos

INGREDIENTES:

⇒ 1 huevo grande

⇒ 1 cucharada de harina de almendras

⇒ 1 cucharada de polvo de cáscara de psilio

⇒ ¼ de cucharadita de polvo de preparación

⇒ ¼ de cucharadita de cremor tártaro

⇒ 1 cucharada de caldo de pollo

⇒ 1 cucharada de pasta para untar disuelta

⇒ 1 zucchini pequeño (rallado crudo, si hay semillas hay que eliminarlas)

INSTRUCCIONES:

1. Rompa un huevo en un bol y verta la pasta para untar disuelta. Mezcle bien hasta que el huevo tenga un tono más claro.
2. Añada el resto de los ingredientes y mezcle bien.
3. Caliente la mezcla en el microondas durante 60-75 segundos, dependiendo de la potencia de su microondas (crescerá bastante y disminuirá increíblemente de tamaño al sacarla).
4. Corte por la mitad y saltee en una sartén con mantequilla.

NUTRICIÓN:

⇒ Calorías: 100

⇒ Carbohidratos: 4 g

⇒ Carbohidratos netos: 2,5 g

⇒ Fibra: 4,5 g

⇒ Grasa: 8 g

⇒ Proteínas: 9 g

15. Pan Plano Suave De Sartén Con Mantequilla

Tiempo de preparación: 9 minutos

Tiempo de cocción: 22 minutos

Raciones: 8

INGREDIENTES:

⇒ 1 taza de harina de almendras
⇒ 2 cucharaditas de harina de coco
⇒ 2 cucharaditas de goma xantana
⇒ 1/2 cucharadita de polvo para calentar
⇒ 1/2 cucharadita de sal gorda
⇒ 1 huevo entero + 1 clara de huevo
⇒ 1 cucharadita de agua
⇒ 1 cucharadita de aceite para dorar
⇒ 1 cucharadita de mantequilla líquida para untar

INSTRUCCIONES:

1. Bata los ingredientes secos (harinas, espesante, preparación en polvo y la sal) hasta que estén bien mezclados.
2. Añada el huevo y la clara de huevo y bata tiernamente con la harina. La mezcla comenzará a tomar forma.
3. Añada la cucharada de agua y empiece a trabajar la masa para permitir que la harina y el espesante conserven la humedad.
4. Divida la masa en 8 partes iguales y presione suavemente cada una de ellas con un papel de aluminio.
5. Caliente una sartén grande a fuego medio y añada el aceite.
6. Salte cada pan plano durante aproximadamente 1 minuto por cada lado en la sartén.
7. Pincele con margarina (en caliente) y decore con sal y perejil picado.

NUTRICIÓN:

⇒ Calorías: 50
⇒ Carbohidratos: 10 g
⇒ Carbohidratos netos: 6 g
⇒ Fibra: 4,5 g
⇒ Grasa: 8 g
⇒ Proteínas: 9 g

Panes *low-carb*

16. Panecillos Ingleses Con Arándanos

Tiempo de preparación: 4 minutos

Tiempo de cocción: 15 minutos

Raciones: 5

INGREDIENTES:

⇒ 1/2 taza de pasta de almendras o de anacardos o de nueces para untar
⇒ 1/4 taza de *ghee* para untar o aceite de coco
⇒ 1/2 taza de harina de almendras
⇒ 1/2 cucharadita de sal
⇒ 2 cucharaditas de preparación de polvo
⇒ 1/2 taza de leche de almendras sin endulzar
⇒ 5 huevos batidos
⇒ 1/2 taza de arándanos

INSTRUCCIONES:

1. Precaliente el horno a 180°C.
2. En un recipiente apto para el microondas, derrita la pasta de nueces o almendras y el *ghee* durante 30 segundos, mezcle hasta que se unan bien.
3. En un bol grande, bata la harina de almendra, la sal y el polvo para calentar. Vacíe la mezcla de pasta de nueces y el *ghee* en el bol grande y mezcle bien para consolidar.
4. Bata la leche de almendras y los huevos juntos, luego vierte todo en el bol y mezcle bien.
5. Añada los arándanos enteros o rompa los arándanos solidificados separados y mezcle tiernamente en la batidora.
6. Forre una bandeja con papel vegetal y unte delicadamente también el papel vegetal.

7. Vierta la masa en la fuente y asse durante 15 minutos o hasta que un palillo insertado en el centro salga seco.
8. Deje enfriar durante unos 30 minutos y saque su pan del recipiente.
9. Corte y toste cada corte antes de servir.

NUTRICIÓN:

⇒ Calorías: 50
⇒ Carbohidratos: 4g
⇒ Carbohidratos netos: 2,5 g
⇒ Fibra: 4,5 g
⇒ Grasa: 7 g
⇒ Proteínas: 6g

17. Pan Focaccia Con Ajo Y Hierbas Low-Carb

Tiempo de preparación: 10 minutos

Tiempo de cocción: 25 minutos

Raciones: 7

INGREDIENTES:

⇒ 1 taza de harina de almendras
⇒ ¼ taza de harina de coco
⇒ ½ cucharadita de goma xantana
⇒ 1 cucharadita de ajo en polvo
⇒ 1 cucharadita de sal en escamas
⇒ ½ cucharadita de bicarbonato de sodio
⇒ ½ cucharadita de levadura

Ingredientes húmedos:

⇒ 2 huevos
⇒ 1 cucharadita de zumo de limón
⇒ 2 cucharaditas de aceite de oliva + 2 cucharaditas de aceite de oliva para espolvorear

Nota: Cubra con condimento italiano y un poquito de sal en escamas.

INSTRUCCIONES:

1. Caliente el horno a 180° C y forre un recipiente para pan de 28X10 cm con papel vegetal.
2. Mezcle los ingredientes secos, asegurándose de que no haya nudos.
3. Bata el huevo, el jugo de limón y el aceite hasta que se combinen.

4. Mezcle lo húmedo y lo seco, batiendo, y vierta la mezcla en la bandeje de horno preparada.

5. ¡Asegúrate de no mezclar lo húmedo y lo seco hasta que estés preparado para colocar el pan en el horno, ya que la levitación comienza una vez que se haya mezclado!

6. Alisa la parte superior y los bordes con una espátula mojada en agua (o con tus manos), y luego usa el dedo para hacer hoyos en la masa. ¡Trata de no dudar en hacer los hoyuelos! Una vez más, un poco de agua evita que se pegue.

7. Hornear durante unos 10 minutos y luego rociar el pan con aceite de oliva. Seguir assando por 10-15 minutos más hasta que tenga un color oscuro.

8. Salpicar con sal por encima, aceite de oliva (a gusto), un revuelto de aroma italiano y albahaca crujiente.

9. ¡Deje que se enfríe totalmente antes de cortarlo para obtener una textura ideal!

NUTRICIÓN:

⟹ Calorías: 80
⟹ Carbohidratos 16 g
⟹ Carbohidratos netos: 2,5 g
⟹ Fibra: 8,5 g
⟹ Grasa: 7 g
⟹ Proteínas: 8 g

18. Pan keto De Zucchini Y Chocolate

Tiempo de preparación: 5 minutos

Tiempo de cocción: 50 minutos

Raciones: 8

INGREDIENTES:

⇒ 1 ½ tazas de harina de almendra

⇒ 1/4 taza de cacao en polvo sin azúcar

⇒ 1 ½ cucharaditas de *popote* para calentar

⇒ 2 cucharaditas de canela molida

⇒ 1/4 cucharadita de sal marina

⇒ 1/2 taza de azúcar de "piedra preciosa" sin azúcar (producto natural Monk o eritritol) o azúcar de coco siempre que sea sin azúcar refinado

Ingredientes húmedos:

⇒ 1 taza de zucchini, finamente rallado y escurrido, alrededor de 2 zucchini pequeños

⇒ 1 huevo grande

⇒ 1/4 de taza + 2 cucharadas de crema de coco en lata de 100ml

⇒ 1/4 de taza de aceite de coco virgen adicional, ablandado

⇒ 1 cucharadita de concentrado de vainilla

⇒ 1 cucharadita de vinagre de zumo de manzana

Relleno – opcional:

⇒ 1/2 taza de trozos de chocolate sin azúcar

⇒ 1/2 taza de nueces troceadas o los frutos secos que te gusten

INSTRUCCIONES:

1. Precaliente el horno a 180°C

2. Forre un recipiente de horno (24 x 12 cm) con papel vegetal.
3. Retire las dos puntas de los zucchini, mantenga con la cáscara.
4. Triture finamente los zucchini con un rallador de verduras. Medir la cantidad necesaria en una taza. Asegúrate de apretarlos firmemente para obtener una medida exacta y para aplastar cualquier líquido del zucchini rallado.
5. En un bol grande para batir, mezcle todos los ingredientes secos: la harina de almendras, el cacao en polvo sin azúcar, el azúcar de piedra preciosa sin azúcar, la canela, la sal marina y la levadura. Añada todos los ingredientes húmedos a los secos: zucchini rallado, aceite de coco, crema de coco, vainilla, huevo y el vinagre de zumo de manzana.
6. Remueva todo para mezclar cada uno de los ingredientes juntos.
7. Incorpore las nueces troceadas y las pepitas de chocolate sin azúcar.
8. Transfiera la masa de pan de chocolate para el recipiente ya preparado.
9. Hornee entre 50 y 55 minutos, puede que tenga que cubrir la masa de pan con un poco de papel de aluminio después de 40 minutos para mantener una distancia estratégica para que la parte superior no se dore en exceso. Eso depende de usted.
10. El pan permanecerá algo húmedo en el centro y se endurecerá después de enfriarse completamente.

NUTRICIÓN:

⇒ Calorías: 300
⇒ Carbohidratos: 7 g
⇒ Carbohidratos netos: 11,5 g
⇒ Fibra: 4,5 g
⇒ Grasa: 13 g
⇒ Proteínas: 1 g

19. Pan Keto De Plátano Y Almendra

Tiempo de preparación: 20 minutos

Tiempo de cocción: 2 horas

Raciones: 12 rebanadas

INGREDIENTES:

- ⟹ 2 huevos grandes
- ⟹ 1/3 de taza de mantequilla sin sal
- ⟹ 3 cucharadas de leche de almendras, sin endulzar
- ⟹ 2 plátanos medianos machacados
- ⟹ 1 1/3 de taza de harina de almendras
- ⟹ ½ cucharadita de azúcar de extracto de Stevia
- ⟹ 1 ¼ cucharadita de levadura
- ⟹ ½ cucharadita de bicarbonato de sodio
- ⟹ ½ cucharadita de sal
- ⟹ ½ taza de nueces picadas

INSTRUCCIONES:

1. Prepare todos los ingredientes.
2. Asegúrese de que todos los ingredientes estén a temperatura ambiente. Coloque la mantequilla, los huevos, la leche y el puré de plátanos en la panificadora.
3. En un recipiente, coloque todos los ingredientes secos y mezcle bien.
4. Vierta los ingredientes secos en la cubeta para el pan de su panificadora.
5. Ponga la función de la panificadora en Pan Rápido, luego cierre la tapa y deje que se asse hasta que la máquina emita un pitido.
6. Deje que el pan se enfríe antes de cortarlo y servirlo.

NUTRICIÓN:

⇒ Calorías: 147

⇒ Calorías de la grasa: 90

⇒ Grasa total: 10 g

⇒ Carbohidratos totales: 13 g

⇒ Carbohidratos netos: 12 g

⇒ Proteínas: 2 g

20. Pan Low-Carb

Tiempo de preparación: 5 minutos

Tiempo de cocción: 1 minuto

Raciones: 1

INGREDIENTES:

⇒ 2 cucharadas de harina de almendras
⇒ 1/2 cucharada de harina de coco
⇒ 1/4 cucharadita de bicarbonato de sodio
⇒ 1 huevo
⇒ 1/2 cucharada de margarina licuada o *ghee*
⇒ 1 cucharada de leche vegetal sin azúcar

INSTRUCCIONES:

1. Mezcle todos los ingredientes en un tazón pequeño y bata hasta que esté suave.
2. Engrasar un bol de cristal de 8x8 cm apto para microondas o darle forma con margarina, *ghee* o aceite de coco.
3. Ponga la mezcla en el bol o forma bien untada y caliente en el microondas a potencia alta durante 90 segundos o 1 minuto.
4. Retira con cuidado tu pan del plato o forma de vidrio.
5. Corte, tueste y passe la mantequilla encima, cuando quieras. ¡Buen provecho!

NUTRICIÓN:

⇒ Calorías: 270
⇒ Grasa: 15 g
⇒ Fibra: 3 g
⇒ Carbohidratos: 5 g
⇒ Proteínas: 9 g

21. Pan De Linaza Low-Carb

Tiempo de preparación: 25 minutos

Tiempo de cocción: 1 hora

Raciones: 8

INGREDIENTES SECOS:

- ⇒ 2 tazas prensadas de linaza molida
- ⇒ 1 taza de harina de coco
- ⇒ 2 cucharadas de semillas de alcaravea (o romero)
- ⇒ 1 cucharada de levadura (utilicé mi propia mezcla para preparar sin gluten: 1 cucharada de masa madre añadida a la mezcla seca + 2 cucharaditas de cremor tártaro añadidas a las claras de huevo)
- ⇒ 1 cucharada de eritritol o 5 gotas de stevia líquida
- ⇒ 1/4 de taza de semillas de chía molidas o espesante

⇒ 1 cucharadita de sal o más al gusto (sal de piedra rosa del Himalaya)

INGREDIENTES HÚMEDOS:

⇒ 8 huevos (naturales o con "omega 3"), aislados
⇒ 1/2 taza de ghee o mantequilla a temperatura ambiente o 1/2 taza de aceite de oliva extra virgen
⇒ 2 cucharadas de aceite de sésamo tostado (puede ser mezclado con las semillas de alcaravea)
⇒ 1/3 de taza de vinagre de zumo de manzana
⇒ 1 taza de agua tibia

INSTRUCCIONES:

1. Mueva la rejilla del horno al centro y precaliéntelo a 180 ° C.
2. Añada los ingredientes secos a un bol grande y bátalos (linaza molida, harina de coco, alcaravea, levadura, eritritol, sal y espesante o semillas de chía molidas). Mezcle bien, porque es difícil de obter una masa uniforme.
3. Separe las yemas de las claras y reserve las claras. Añada a las yemas de huevo el *ghee* o la pasta mantequilla y el aceite de sésamo tostado.
4. Nota: Aunque en la primera parte no se pide aislar los huevos, he comprobado que al hacerlo el pan queda más "esponjoso".
5. "Cremar" las yemas de huevo y el *ghee* (aceite para untar o aceite de oliva) hasta que quede suave. En otro recipiente, batir las claras de huevo hasta que hagan delicados pináculos y "fijarlas" con el cremor tártaro.
6. Añada la mezcla seca al bol con la mezcla de yemas y mezcle bien. La masa es espesa y se irá uniendo poco a poco. Amasar y procurar que todo quede completamente mezclado.
7. Añada el vinagre y mezcle bien.
8. Añada el agua tibia y mezcle hasta que se combine.
9. Añada las claras de huevo y mezcle tiernamente hasta que esté bien incorporada a la masa.

10. Unte un recipiente grande con un poco de ghee o margarina y coloque la masa. Distribua la masa por igual y "córtala" por encima con una espátula para que quede con el típico ondulado de pan.

11. Nota: Si utilizas un recipiente de porciones de silicona, no tendrás que aceitarlo.

12. Asse durante una hora aproximadamente (depende del horno).

13. Cuando el pan esté listo, transfira a una rejilla para enfriar, y déjelo enfriar completamente antes de servir.

NUTRICIÓN:

⇒ Calorías: 270
⇒ Grasa: 15 g
⇒ Fibra: 3 g
⇒ Carbohidratos: 5 g
⇒ Proteínas: 9 g

22. Pan De Taza Para Microondas

Tiempo de preparación: 8 minutos

Tiempo de cocción: 90 segundos

Raciones: 1

INGREDIENTES:

⇒ 1 huevo
⇒ 1 cucharada de harina de coco
⇒ 1/4 cucharadita de polvo de honear (o bicarbornato de sodio o de cremor tartaro)
⇒ 1 cucharadita de mantequilla

INSTRUCCIONES:

1. Rompa el huevo en un recipiente para microondas o en una taza de cristal y bátalo con un tenedor.

2. Añada al huevo 1 cucharada de harina de coco y 1/4 de cucharadita de polvo de honear, y luego pon en el microondas alrededor de 1 cucharada de margarina en otro recipiente apto para microondas y añádela a la mezcla. A continuación, mézclalo bien con el tenedor. La mezcla debe ser muy espesa.

3. Coloque el recipiente en el microondas durante 90 segundos y ten cuidado al sacarlo porque estará caliente. En el caso de que el pan no caiga directamente al darle la vuelta al plato, tira de los lados con un tenedor o una cuchilla de margarina y tu pan debería salir directamente. Córtalo por la mitad y buen provecho.

NUTRICIÓN:

⇒ Calorías: 20
⇒ Fibra: 4,5 g
⇒ Carbohidratos: 4 g
⇒ Carbohidratos netos: 2,5 g
⇒ Grasa: 6 g
⇒ Proteína: 7 g

23. Pan De Coliflor Low-Carb

Tiempo de preparación: 20 minutos

Tiempo de cocción: 45 minutos

Raciones: 8

INGREDIENTES:

⇒ 2 tazas de harina de almendra
⇒ 5 huevos
⇒ ¼ taza de cáscara de psilio
⇒ 1 taza de arroz de coliflor

INSTRUCCIONES:

1. Precaliente el horno a 180°C.
2. Forre una molde de 28x10 cm con papel vegetal o con aceite de coco para cocinar.
3. En un bol grande o en un procesador de alimentos, mezcle la harina de almendras y la cáscara de psyllium.
4. Batir los huevos a velocidad alta durante dos minutos.
5. Incorporar el arroz de coliflor y mezclar bien.
6. Vaciar la mezcla de pan de coliflor en el molde y assar por cerca de 45 minutos.
7. Deje enfriar y buen provecho.

NUTRICIÓN:

⇒ Calorías: 21
⇒ Grasa: 4,7 g
⇒ Carbohidratos: 44,2 g
⇒ Proteínas: 0 g

24. Pan De Hamburguesa Low-Carb

Tiempo de preparación: 10 minutos

Tiempo de cocción: 20 minutos

Raciones: 6

INGREDIENTES:

Pan

- ⇒ ¾ de taza de harina de almendras
- ⇒ 1 cucharadita de espesante
- ⇒ 1 huevo grande
- ⇒ 1 ½ tazas de mozzarella molida
- ⇒ 2 cucharadas de crema de cheddar
- ⇒ 1 cucharada de mantequilla, a temperatura ambiente
- ⇒ Semillas de sésamo al gusto

Rellenos

⇒ 2 cucharadas de pesto

⇒ 2 cucharadas de crema de queso cheddar

⇒ 1 taza de hojas de rúcula

⇒ 6 lonchas de bacon *streaky* asado a la llama

INSTRUCCIONES:

1. Precaliente el horno a 200°C.
2. En un bol, combine la harina de almendra y el espesante. Luego agregue el huevo y mezcle hasta que esté bien combinado. Se asemejará a una bola pegajosa, no te preocupes.
3. En una olla, a fuego medio-bajo, derretir la crema de cheddar y la mozzarella juntas y retirar del fuego una vez licuadas. Esto también se puede hacer en el microondas.
4. Añadir la mezcla de quesos derretida a la masa de harina de almendra y mezclar hasta que esté bien combinada. La mezcla de mozzarella se pegará en una especie de bola pero no te estreses, aguanta con ella. Al final todo se combinará bien. Es difícil que la goma xantana se funda con la mezcla de cheddar. En el caso de que la mezcla se vuelva demasiado espesa para trabajar, colóquela en el microondas durante 10-20 segundos para calentarla y vuelva a batirla hasta que tenga algo que se parezca a la masa.
5. Dividir la masa en 6 trozos y forme bollos redondos. Si tienes una fuente para donuts, coloca los bollos en el recipiente. Si no, coja los 6 bollos de masa y colócalos en una bandeja de horno dejando una pequeña distancia entre ellos. Intente asegurarse de que tiene bollos muy parecidos de tamaño.
6. Con un cepillo pincelar la pasta de untar sobre el punto más alto de sus panes y espolvorear las semillas de sésamo o otras de su gusto. La pasta para untar debe permitir que las semillas se adhieran.

7. Coloque para assar en el horno durante unos 20 minutos. Vigilarlos. La parte superior debe ir brillante de color oscuro.
8. Saque los bagels del horno y deje que se enfríen.
9. Si te gustan los bagels tostados, córtalos por la mitad a lo largo y vuelva a ponerlos en el horno hasta que estén ligeramente brillantes y tostados.
10. Unte los panes con Cheddar cremoso, con pesto, añade un par de hojas de rúcula y cubre con tu bacon fresco (o el relleno que desees).
11. ¡Buen provecho!

NUTRICIÓN:

⇒ Calorías: 90
⇒ Fibra: 4,5 g
⇒ Carbohidratos: 4 g
⇒ Carbohidratos netos: 2,5 g
⇒ Grasa: 8 g
⇒ Proteína: 8 g

25. Pan De Lino Para Microondas

Tiempo de preparación: 7 minutos

Tiempo de cocción: 2 minutos

Raciones: 1

INGREDIENTES

⇒ 1 cucharadita de mantequilla
⇒ 1 huevo grande
⇒ 4 cucharaditas de linaza molida
⇒ 1/4 cucharadita de polvo para hornear (o cremor tartaro o bicarbornato)
⇒ 1 pellizco de sal

INSTRUCCIONES:

1. Añada 1 cucharada de mantequilla en un recipiente apto para microondas y licúela en el microondas (10-20 segundos). Divida el huevo en el recipiente con la mantequilla y bátalo con un tenedor.

2. Añade 4 cucharadas de linaza molida, 1/4 cucharadita de polvo de hornear y un pellizco de sal. A continuación, mézclalo bien con el tenedor. La mezcla debe ser espesa, así que agita el plato de forma circular para igualarlo.

3. Coloque el plato en el microondas durante 2 minutos y ten cuidado al sacarlo porque estará caliente. En caso de que el pan no caiga directamente al darle la vuelta al plato, tira de los lados con un tenedor o una cuchilla de mantequilla y el pan debería salir directamente. Enfríalo en una rejilla y córtalo por la mitad.

NUTRICIÓN:

⇒ Calorías: 30
⇒ Grasas: 3 g
⇒ Carbohidratos: 4 g
⇒ Carbohidratos netos: 2,5 g
⇒ Fibra: 4,5 g
⇒ Proteínas: 1 g

26. Pastel De Desayuno De Leche y Miel

Tiempo de preparación: 2 horas

Tiempo de cocción: 10 minutos

Raciones: 18 rebanadas

INGREDIENTES:

⟹ 1 taza + 1 cucharada de leche de almendras sin endulzar
⟹ 3 cucharadas de miel
⟹ 3 cucharadas de mantequilla derretida
⟹ 1 ½ cucharaditas de sal
⟹ 3 tazas de harina de almendras
⟹ 2 cucharaditas de levadura seca activa

INSTRUCCIONES:

1. Poner todos los ingredientes en la panificadora según la lista de ingredientes.
2. Seleccione el ciclo Básico en la configuración de su máquina de pan, cierre la tapa y pulse Inicio.
3. Una vez que el pan esté listo, sáquelo de la máquina y colóquelo en una rejilla de enfriamiento.
4. Cortar y servir con su *paté* favorito.

NUTRICIÓN:

⟹ Calorías: 39
⟹ Calorías de la grasa: 27
⟹ Grasa total: 3 g
⟹ Proteínas: 1 g
⟹ Carbohidratos totales: 3 g
⟹ Carbohidratos netos: 3 g

27. Pan De Lino Low-Carb

Tiempo de preparación: 10 minutos

Tiempo de cocción: 24 minutos

Raciones: 8

INGREDIENTES:

- ⇒ 200 g de semillas de lino molidas
- ⇒ ½ taza de cáscara de *psyllium* en polvo
- ⇒ 1 cucharada de polvo para calentar (levadura, cremor tartato)
- ⇒ 1 ½ tazas de proteína de soja separada
- ⇒ ¼ taza de estevia granulada
- ⇒ 2 cucharaditas de sal
- ⇒ 7 claras de huevo grandes
- ⇒ 1 huevo entero grande
- ⇒ 3 cucharadas de margarina
- ⇒ ¾ de taza de agua

INSTRUCCIONES:

1. Precaliente el horno a 180°C.
2. Mezcle la cáscara de *psyllium*, el polvo para calentar, la proteína de soja, el azúcar y la sal en un bol grande.
3. En otro bol, mezcle el huevo, las claras de huevo, la margarina y el agua. En el caso de que incluyas concentrados o jarabes, agréguelos aquí.
4. Añada lentamente los ingredientes húmedos a los secos y mezcle bien.
5. Engrase su recipiente de pan con una pasta para untar, puedes salpicar con un poquito de harina para que no se pegue.
6. Coloque la masa en el recipiente ya preparado para assar su pan.

7. Hornee de 20 a 24 minutos hasta que se quede bien assado.
8. Dejelo enfriar y buen provecho.

NUTRICIÓN:

⇒ Calorías: 20
⇒ Carbohidratos: 5 g
⇒ Carbohidratos netos: 5.5 g
⇒ Fibra: 8,5
⇒ Grasa: 13 g
⇒ Proteínas: 10 g

28. Pan Focaccia Low-Carb

Tiempo de preparación: 10 minutos

Tiempo de cocción: 25 minutos

Raciones: 12

INGREDIENTES:

⇒ 1 taza de harina de almendras
⇒ 1 taza de harina de linaza
⇒ 7 huevos grandes
⇒ ¼ taza de aceite de oliva
⇒ 1 ½ cucharadas de polvo para calentar
⇒ 2 cucharaditas de ajo picado
⇒ 1 cucharadita de sal
⇒ 1 cucharadita de romero
⇒ 1 cucharadita de chips de guiso de judías rojas

INSTRUCCIONES:

1. Precaliente el horno a 180°C.
2. En un recipiente para mezclar, agregue todos los ingredientes secos y mezcle bien.
3. Comienza a añadir el ajo y los 2 huevos uno tras otro, mezclando con una batidora de mano para obtener una mezcla firme.
4. Añada el aceite de oliva en último lugar, batiendo bien hasta que todo esté combinado. Cuanto más aireada quede la mezcla, más "esponjoso" resultará tu pan.
5. Ponga la masa de pan en una fuente de horno de 22x22 cm bien untada, alise la masa con una espátula.
6. Hornee durante 25 minutos.
7. Deje que se enfríe durante 10 minutos y sáquelo de la fuente.
8. Corte en cuadrados y corta los cuadrados por la mitad.

9. Rellene con lo que prefieras y buen provecho.

NUTRICIÓN:

- ⇒ Calorías: 50
- ⇒ Carbohidratos 4 g
- ⇒ Carbohidratos netos: 2.5 g
- ⇒ Fibra: 4,5 g
- ⇒ Grasa: 8 g
- ⇒ Proteínas: 8 g

29. Pan De Harina De Almendra Con Canela

Tiempo de preparación: 10 minutos

Tiempo de cocción: 30 minutos

Raciones: 9

INGREDIENTES:

⇒ 2 tazas de harina de almendra fina blanqueada
⇒ 2 cucharaditas de harina de coco
⇒ 1/2 cucharadita de sal marina
⇒ 1 cucharadita de polvo para hornear
⇒ 1/4 taza de cena de linaza o chía (chía o linaza molida)
⇒ 5 huevos y 1 clara de huevo batidos juntos
⇒ 1 ½ cucharadita de vinagre de manzana o zumo de limón
⇒ 2 cucharaditas de sirope de arce o néctar
⇒ 2-3 cucharaditas de pasta para untar (disuelta) o de aceite de coco, separadas. La margarina vegetariana también funciona
⇒ 2 cucharaditas de canela, además de un extra para fijar
⇒ Semillas de chía, opcionales, para espolvorear por encima antes de assar

INSTRUCCIONES:

1. Precaliente el horno a 180°C.
2. Forre una bandeja de pan de 22x10 cm con papel vegetal en la base y aceitar los lados.
3. En un bol grande, combine su harina de almendra, harina de coco, sal, polvo para calentar, la harina de linaza o la cena de chía y 1/2 cucharada de canela.
4. En otro bol pequeño, bata los huevos y la clara de huevo. A continuación, añada el sirope de arce (o néctar), el vinagre de

zumo de manzana y la margarina derretida (de 1 ½ a 2 cucharaditas).

5. Mezcle los ingredientes húmedos con los secos. Asegúrese de eliminar los racimos que puedan haber quedado de la harina de almendras o de la harina de coco.
6. Vierta la masa en el recipiente ya preparado.
7. Hornea a 180°C durante 30-35 minutos, hasta que un palillo insertado en el centro salga limpio.
8. Retire del horno.
9. A continuación, bata la otra 1 o 2 cucharadita de margarina ablandada (o aceite) y mezcle con 1/2 cucharadita de canela. Pincele esto sobre el pan de harina de almendras con canela.
10. Deje enfriar y sirva. También lo puede conservar por un par de días para comer en otro momento.

NUTRICIÓN:

⇒ Calorías: 200
⇒ Carbohidratos: 4 g
⇒ Carbohidratos netos: 10,5 g
⇒ Fibra: 4,5 g
⇒ Grasa: 8 g
⇒ Proteínas: 8 g

30. Pan Ciabatta Keto

Tiempo de preparación: 120 minutos

Tiempo de cocción: 40 minutos

Raciones: 6 rebanadas

INGREDIENTES:

- ⇒ 1 taza + 2 cucharadas de agua caliente
- ⇒ 1 cucharadita de azúcar
- ⇒ 2 ¼ cucharaditas de levadura activa seca
- ⇒ 1 taza de gluten vital de trigo
- ⇒ 1 taza de harina de almendra superfina
- ⇒ ¼ de taza de harina de semillas de lino
- ⇒ ¾ de cucharadita de sal
- ⇒ 1 ½ cucharaditas de levadura en polvo
- ⇒ 3 cucharadas de aceite de oliva virgen extra
- ⇒ 1 cucharada de mantequilla derretida

INSTRUCCIONES:

1. En un bol, añada ½ taza de agua tibia, el azúcar y la levadura. Tape y deje reposar durante 10 minutos o hasta que esté espumosa.
2. En la cubeta de su panificadora, añada la mezcla de levadura, la ½ taza restante y 2 cucharadas de agua y aceite de oliva. Añada la harina, la linaza, la sal y la levadura en polvo. Vuelva a colocar la cubeta de pan en la panificadora y cierre la tapa.
3. Ponga la panificadora en el ciclo Pan Blanco, cierre la tapa y pulse el botón Inicio. Después de 10 minutos, detenga la máquina de pan. Tendrá una masa muy pegajosa.
4. Vierta la masa en una superficie enharinada y divídala por la mitad antes de darle forma de tubo (aproximadamente 6 x 18

cm). Coloque la masa cortada en una bandeja de horno engrasada.

5. Precaliente el horno durante 2 o 3 minutos a 50°C. Apague el horno y coloque la masa dentro para que suba durante 1 hora. Después de 1 hora, debe tener una masa levantada de aproximadamente el doble del tamaño inicial.

6. Precaliente su horno a 180°C para hornear su pan.

7. Unte la masa con mantequilla derretida y hornee durante 15 minutos. Saque del horno y cepille una vez más con mantequilla antes de volver a meterlo en el horno durante otros 10 a 15 minutos hasta que la temperatura interna de la masa alcance los 50°C.

8. Una vez hecho, deje enfriar el pan durante 1 hora antes de cortarlo.

9. Serva con huevo revuelto o su mermelada favorita.

NUTRICIÓN:

⇒ Calorías: 286
⇒ Calorías de la grasa: 171
⇒ Grasa total: 19 g
⇒ Carbohidratos totales: 9 g
⇒ Carbohidratos netos: 5 g
⇒ Proteínas: 21 g

31. Pan Saludable *Low-Carb*

Tiempo de preparación: 15 minutos

Tiempo de cocción: 35 minutos

Raciones: 8

INGREDIENTES:

⇒ 2/3 de taza de harina de coco

⇒ 2/3 de taza de aceite de coco (ablandado, no derretido)

⇒ 9 huevos

⇒ 2 cucharaditas de cremor tártaro

⇒ ¾ cucharadita de goma xantana

⇒ 1 cucharadita de bicarbonato de sodio

⇒ ¼ de cucharadita de sal

INSTRUCCIONES:

1. Precalentar el horno a 180°C.
2. Engrasar un molde para pan con 1 o 2 cucharaditas de aceite de coco derretido y coloque en el congelador para que se endurezca.
3. Añada los huevos en un bol y mezcle durante 2 minutos con una batidora de mano.
4. Añada el aceite de coco a los huevos y mezcle bien.
5. Añada los ingredientes secos en un segundo bol y bata hasta que se mezclen.
6. Añada los ingredientes secos a la mezcla de huevos y mezcle a baja velocidad con una batidora de mano hasta que se forme la masa y se incorpore la masa.
7. Ponga la masa en el molde de pan ya preparado, transferirlo al horno precalentado y hornee durante 35 minutos.
8. Saque el molde del horno.
9. Deje enfriar, corte y serva.

NUTRICIÓN:

⇒ Calorías: 229
⇒ Grasa: 25,5 g
⇒ Carbohidratos: 6,5 g
⇒ Proteínas: 8,5 g

32. Pan De Semillas

Tiempo de preparación: 5 minutos

Tiempo de cocción: 50 minutos

Raciones: 6

INGREDIENTES:

- ⇒ 2/3 de taza de cáscara de psilio entera
- ⇒ 1/4 de taza de semillas de chía
- ⇒ 1/4 de taza de semillas de calabaza
- ⇒ 1/4 de taza de semillas de cáñamo o girasol
- ⇒ 1 cucharadita de semillas de sésamo molidas o de semillas de lino molidas
- ⇒ 1 cucharadita de polvo de hornear
- ⇒ 1/4 cucharadita de sal
- ⇒ 2 cucharaditas de aceite de coco
- ⇒ 1 1/4 tazas de huevo líquido
- ⇒ 1/2 taza de leche de almendras sin azúcar

INSTRUCCIONES:

1. En un bol grande para licuar, agregue todos los ingredientes secos y mezcle bien. Puedes hacer tus propias semillas de sésamo molidas mezclándolas hasta que sean un polvo fino.

2. Derreta el aceite de coco en el microondas (unos 30 segundos), añadirlo a la mezcla seca y mezclar bien. A continuación, añada 1/4 de taza de claras de huevo líquidas y 1/2 taza de leche de almendras sin azúcar. Mezcle bien y deje que la mezcla repose durante 10-15 minutos mientras precalientas el horno a 170°C.

3. Moje un poco de papel vegetal bajo el agua tibia y sacúdalo, luego presiónelo en un molde para pan de 22 x 12 cm. Añada la mezcla y presiónela en los bordes del molde. También puede

añadir algunas semillas adicionales en el punto más alto de la mezcla. Recorta suficiente papel vegetal y ponlo al horno durante 50 minutos.

4. Cortar toda la porción y dejarla enfriar en una rejilla de secado.

Nutrición:

⇒ Calorías: 70
⇒ Carbohidratos 4 g
⇒ Carbohidratos netos: 2,5 g
⇒ Fibra: 4,5 g
⇒ Grasa: 8 g
⇒ Proteínas: 8 g

33. Pan De Calabaza Y Nueces

Tiempo de preparación: 10 minutos

Tiempo de cocción: 3 horas

Raciones: 1 pan, 16 rebanadas

INGREDIENTES:

- ⇒ 1/2 taza de leche
- ⇒ 1/2 taza de calabaza enlatada
- ⇒ 1 huevo
- ⇒ 2 cucharadas de margarina o mantequilla cortada
- ⇒ 3 tazas de harina de pan
- ⇒ 3 cucharadas de azúcar moreno envasado
- ⇒ 3/4 de cucharadita de sal
- ⇒ 1/4 de cucharadita de nuez moscada molida
- ⇒ 1/4 de cucharadita de jengibre molido
- ⇒ 1/8 de cucharadita de clavo de olor molido
- ⇒ 1 cucharadita de levadura seca activa o de levadura de máquina de pan
- ⇒ 3/4 de taza de nueces picadas gruesas

INSTRUCCIONES:

1. Añadir todos los ingredientes al molde de su panificadora.
2. Seleccione el ciclo Básico. Cuando termine el ciclo dejelo enfriar anter de servir. ¡Buen provecho!

NUTRICIÓN:

- ⇒ Calorías: 159
- ⇒ Proteínas: 4 g
- ⇒ Grasa total: 6 g
- ⇒ Carbohidratos: 23 g
- ⇒ Fibra:1 g

Recetas De Tarta, Bizcochón Y Barritas

34. Delicioso Bizcochón De Zanahoria

Tiempo de preparación: 15 minutos

Tiempo de cocción: 55 minutos

Raciones: 6

INGREDIENTES:

- ⇒ 2 huevos grandes
- ⇒ 1/2 taza de zanahoria rallada
- ⇒ 1 cucharadita de vainilla
- ⇒ 2 cucharadas de aceite de coco derretido
- ⇒ 3 cucharadas de crema de leche
- ⇒ ¼ cucharadita de nuez moscada
- ⇒ ½ cucharadita de canela
- ⇒ 1 cucharadita de polvo de hornear
- ⇒ 2/3 de taza de Swerve
- ⇒ 1 taza de harina de almendra

Para el glaseado

- ⇒ 1 cucharada de crema de leche
- ⇒ ½ cucharadita de vainilla
- ⇒ 2 cucharaditas de zumo de limón fresco
- ⇒ 3 cucharadas de swerve
- ⇒ 120 g de queso crema, ablandado

INSTRUCCIONES:

1. Coja un molde para tartas que quepa en la olla instantánea, rócialo con spray de cocina y resérvalo.
2. Escurra el exceso de líquido de las zanahorias ralladas.
3. En un bol, mezcle la harina de almendras, las zanahorias ralladas, la vainilla, el aceite de coco, la nata líquida, los huevos,

la nuez moscada, la canela, la levadura en polvo y el swerve con una batidora de mano hasta que estén bien combinados.

4. Vierta la masa en el molde preparado y cubre el molde con papel de aluminio.

5. Añada 1 2/3 de taza de agua a la olla instantánea y coloca la rejilla para cocinar al vapor en la olla.

6. Coloque el molde en la rejilla para cocinar al vapor.

7. Selle la olla instantánea con la tapa y seleccione presión alta manual y programe el temporizador para 45 minutos.

8. Deje que se libere la presión de forma natural durante 10 minutos y luego libérela con el método de liberación rápida.

9. Abra la tapa con cuidado y retire el molde de la tarta de la olla. Deje que el bizcochón se enfríe durante 30 minutos.

10. Mientras tanto, prepare el glaseado. En un bol grande, añada la nata espesa, la vainilla, el zumo de limón, el swerve y el queso crema y bate con una batidora de mano hasta que esté cremoso.

11. Una vez que el bizcochón se enfríe por completo, entonces cubre la tarta usando la crema preparada.

12. Corte el bizcochón en rebanadas y sirva.

NUTRICIÓN:

⇒ Calorías: 289
⇒ Grasas: 25,9 g
⇒ Carbohidratos: 10,9 g
⇒ Proteínas: 7,9 g

35. Bizcochón De Almendra Y Coco

Tiempo de preparación: 10 minutos

Tiempo de cocción: 40 minutos

Raciones: 8

INGREDIENTES:

- ⇒ 2 huevos ligeramente batidos
- ⇒ ½ taza de crema de leche
- ⇒ ¼ de taza de aceite de coco, derretido
- ⇒ 1 cucharadita de canela
- ⇒ 1 cucharadita de polvo de hornear
- ⇒ 1/3 de taza de Swerve
- ⇒ ½ taza de coco rallado sin azúcar
- ⇒ 1 taza de harina de almendra

INSTRUCCIONES:

1. Rocíe un molde de 16 cm de diametro con aceite en aerosol y déjelo a un lado.
2. En un tazón grande, mezcle la harina de almendras, la canela, el polvo para hornear, el swerve y el coco rallado.
3. Añada los huevos, la nata líquida y el aceite de coco a la mezcla de harina de almendras y mezcle hasta que estén bien combinados.
4. Vierta la masa en el molde preparado y cubra el molde con papel de aluminio.
5. Añada 2 tazas de agua en la olla instantánea y coloque una rejilla para cocinar al vapor en esta olla.
6. Coloque el molde sobre la rejilla de cocción al vapor.
7. Selle la olla instantánea con la tapa y seleccione presión alta manual y programe el temporizador para 40 minutos.

8. Una vez que el temporizador se apague, deje que se libere la presión de forma natural durante 10 minutos y luego libérela con el método de liberación rápida.

9. Abra la tapa con cuidado. Saque el molde de la olla y déjelo enfriar durante 20 minutos.

10. Corte el bizcochón en rebanadas y sirva.

NUTRICIÓN:

⇒ Calorías: 228
⇒ Grasa: 21,7 g
⇒ Carbohidratos: 5.2 g
⇒ Proteínas: 5 g

36. Tarta De Queso Y Limon

Tiempo de preparación: 10 minutos

Tiempo de cocción: 35 minutos

Raciones: 8

INGREDIENTES:

Para la corteza

- ⇒ 2 cucharadas de aceite de coco derretido
- ⇒ 2 cucharadas de swerve
- ⇒ ¾ de taza de harina de almendra
- ⇒ Una pizca de sal

Para el relleno:

- ⇒ 2 cucharadas de nata para montar
- ⇒ 2 huevos grandes
- ⇒ 1 cucharadita de extracto de limón
- ⇒ 1 cucharadita de ralladura de limón
- ⇒ 4 cucharadas de zumo de limón fresco
- ⇒ 2/3 de taza de Swerve
- ⇒ 450 g de queso crema, ablandado

INSTRUCCIONES:

1. Engrase un molde de 18 cm de diametro con mantequilla y forre con papel vegetal. Póngalo a un lado.
2. En un bol, combine todos los ingredientes de la corteza y viértalos en el molde preparado y extiéndalo uniformemente, y colóquelos en el refrigerador durante 15 minutos.
3. En un bol grande, bata el queso crema con una batidora de mano hasta que esté suave.

4. Añada el swerve, el extracto de limón, la ralladura de limón y el zumo de limón y bata de nuevo hasta que esté bien combinado.
5. Añada los huevos y la nata para montar y bata hasta que estén bien combinados.
6. Vierta la mezcla de relleno sobre la corteza y distribúyala uniformemente. Cubra el molde con papel de aluminio.
7. Vierta 1 taza de agua en la olla instantánea y coloque la rellilla en la olla.
8. Coloca el molde sobre el rejilla.
9. Cierre la olla instantánea con la tapa y seleccione presión alta manual durante 35 minutos.
10. Deje que la presión se libere de forma natural y abra la tapa.
11. Saque el molde de la olla y déjelo enfriar completamente.
12. Colóquelo en la nevera durante 3-4 horas.
13. Sirva frío y disfrute.

NUTRICIÓN:

⟹ Calorías: 322
⟹ Grasa: 31,1 g
⟹ Carbohidratos: 4,4 g
⟹ Proteínas: 8,3 g

37. Sabrosa Tarta De Chocolate

Tiempo de preparación: 10 minutos

Tiempo de cocción: 30 minutos

Raciones: 6

INGREDIENTES:

- ⇒ 3 huevos grandes
- ⇒ ¼ de taza de mantequilla derretida
- ⇒ 1/3 de taza de crema de leche
- ⇒ 1 cucharadita de polvo de hornear
- ⇒ ¼ de taza de nueces picadas
- ⇒ ¼ de taza de cacao en polvo sin azúcar
- ⇒ 2/3 de taza de Swerve
- ⇒ 1 taza de harina de almendra

INSTRUCCIONES:

1. Rocie el molde para tartas con aceite en aerosol y reservar.
2. Añada todos los ingredientes en un bol grande y mezcle con una batidora de mano hasta que la mezcla quede esponjosa.
3. Vierta la masa en el molde preparado.
4. Vierta 2 tazas de agua en la olla instantánea y coloque una rejilla para cocinar al vapor en la olla.
5. Coloque el molde para tartas encima de la rejilla para cocinar al vapor.
6. Selle la olla instantánea con la tapa y cocine a alta presión manual durante 30 minutos.
7. Deje que la presión se libere de forma natural durante 10 minutos y luego libérela con el método de liberación rápida.
8. Abra la tapa con cuidado. Saque el molde de la olla y déjelo enfriar durante 20 minutos.
9. Corte la tarta y serva.

NUTRICIÓN:

⇒ Calorías: 275
⇒ Grasa: 25,5 g
⇒ Carbohidratos: 7,5 g

38. Tarta De Almendra y Especies

Tiempo de preparación: 10 minutos

Tiempo de cocción: 45 minutos

Raciones: 10

INGREDIENTES:

⇒ 2 huevos grandes
⇒ 2 tazas de harina de almendra
⇒ 3 cucharadas de nueces (o pistachos) picadas
⇒ ½ cucharadita de vainilla
⇒ 1/3 de taza de agua
⇒ 1/3 de taza de aceite de coco, derretido
⇒ ¼ cucharadita de clavo de olor molido
⇒ 1 cucharadita de jengibre molido
⇒ 1 cucharadita de canela
⇒ 2 cucharaditas de polvo de hornear
⇒ ½ taza de Swerve
⇒ Una pizca de sal

INSTRUCCIONES:

1. Rocíe un molde para pasteles de 18 cm de diametro con aceite en aerosol y reservar.
2. Vierta 1 taza de agua en la olla instantánea y coloque una rejilla en la olla.
3. En un bol, bata la harina de almendras, el clavo, el jengibre, la canela, la levadura en polvo, la sal y el swerve.
4. Incorpore los huevos, la vainilla, el agua y el aceite de coco hasta que se combinen.
5. Vierta la masa en el molde preparado y espolvoree las nueces (o pistachos) picadas por encima. Cubra el molde con papel de aluminio y colóquelo sobre el trébol de la olla instantánea.

6. Selle la olla con la tapa y cocine a alta presión manual durante 45 minutos.
7. Deje que se libere la presión de forma natural durante 15 minutos. Abra la tapa con cuidado.
8. Saque el molde de la olla y deje enfriar durante 20 minutos.
9. Corte la tarta y serva.

NUTRICIÓN:

⇒ Calorías: 223
⇒ Grasa: 20,9 g
⇒ Carbohidratos: 6,1 g
⇒ Proteínas: 6,7 g

39. Tarta De Zanahoria Con Nueces

Tiempo de preparación: 10 minutos

Tiempo de cocción: 50 minutos

Raciones: 8

INGREDIENTES:

⇒ 3 huevos grandes
⇒ ½ taza de nueces picadas
⇒ 1 taza de zanahorias ralladas
⇒ ½ taza de crema de leche
⇒ ¼ taza de mantequilla derretida
⇒ 1 ½ cucharadita de especias para pastel de manzana
⇒ 1 cucharadita de polvo de hornear
⇒ 2/3 de taza de Swerve
⇒ 1 taza de harina de almendra

INSTRUCCIONES:

1. Rocíe un molde de 16 cm de diametro con aceite en aerosol y déjelo a un lado.
2. Añada todos los ingredientes en el bol grande y mezcle con una batidora de mano hasta que la mezcla esté bien combinada y parezca esponjosa.
3. Vierta la masa en el molde preparado y cubra el molde con papel de aluminio.
4. Vierta 2 tazas de agua en la olla instantánea y coloque una rejilla en la olla.
5. Coloque el molde sobre la rejilla.
6. Selle la olla con la tapa y cocine a alta presión durante 40 minutos.
7. Deje que se libere la presión de forma natural durante 10 minutos y luego libérela con el método de liberación rápida.

8. Abra la tapa con cuidado. Saque el molde de la olla y deje que se enfrie durante 20 minutos.
9. Corte en rodajas y sirva.

NUTRICIÓN:

⇒ Calorías: 240
⇒ Grasa: 22 g
⇒ Carbohidratos: 6.2 g
⇒ Proteínas: 7,6 g

40. Tarta De Queso Y Almendras

Tiempo de preparación: 10 minutos

Tiempo de cocción: 12 minutos

Raciones: 6

INGREDIENTES:

Para la corteza

⇒ 3/4 de taza de harina de almendras
⇒ 1 cucharadita de swerve
⇒ 2 cucharadas de mantequilla derretida

Para el pastel

⇒ 2 huevos
⇒ 1/4 de taza de crema agria
⇒ 1 cucharadita de vainilla
⇒ 1/4 de cucharadita de stevia líquida
⇒ 8 onzas de queso crema, ablandado

INSTRUCCIONES:

1. Engrase un molde de 18 cm con mantequilla y forre con papel vegetal.
2. En un bol, mezcle la harina de almendras, la mantequilla y el swerve. Transfiera la mezcla de la corteza al molde preparado y extiéndala uniformemente.
3. En otro bol, bata la stevia líquida y el queso crema hasta que esté suave.
4. Añada el huevo de uno en uno. Añada la crema agria y la vainilla y bata hasta que quede suave.
5. Vierta la mezcla de queso sobre la corteza y reparta uniformemente. Cubra la fuente con papel de aluminio.

6. Vierta 2 tazas de agua en la olla instantánea y coloque el trébol en la olla.
7. Coloque la bandeja de hornear encima del trebol.
8. Selle la olla instantánea con la tapa y cocine a alta presión manual durante 12 minutos.
9. Deje que se libere la presión de forma natural y abra la tapa.
10. Saque el molde de la olla y deje que se enfríe completamente.
11. Corte y sirva.

NUTRICIÓN:

⇒ Calorías: 290
⇒ Grasa: 27,5 g
⇒ Carbohidratos: 5 g
⇒ Proteínas: 8 g

41. Tarta De Queso Y Vainilla

Tiempo de preparación: 10 minutos

Tiempo de cocción: 30 minutos

Raciones: 8

INGREDIENTES:

⇒ 220g de queso crema

⇒ 2 huevos

⇒ 1 cucharadita de vainilla

⇒ 2/3 de taza de Swerve

⇒ 1 taza de fresas, cortadas en rodajas

INSTRUCCIONES:

1. Engrasar un molde con mantequilla y forrarlo con papel vegetal. Póngalo a un lado.
2. Añada el queso crema a un bol grande y bata con una batidora de mano hasta que esté suave.
3. Añada la vainilla y el swerve y bata hasta que estén bien combinados.
4. Añada los huevos de uno en uno y bata hasta que estén bien combinados.
5. Vierta la masa en el molde preparado. Cubra el molde firmemente con papel de aluminio.
6. Vierta 1 taza de agua en la olla instantánea y coloque una rejilla en la olla.
7. Coloque el molde sobre la rejilla.
8. Selle la olla instantánea con la tapa y seleccione presión alta manual durante 20 minutos.
9. Deje que se libere la presión de forma natural durante 10 minutos y luego libérela con el método de liberación rápida.

10. Abra la tapa con cuidado. Saque el molde de la olla y déjelo enfriar completamente.

11. Una vez que la tarta esté completamente fría, disponer las rodajas de fresa sobre la tarta.

12. Cubra la tarta con papel de plástico y coloque en la nevera durante toda la noche.

13. Sirva frío y disfrute.

NUTRICIÓN:

⇒ Caloría: 122

⇒ Grasa: 11 g

⇒ Carbohidratos: 2,5 g

⇒ Proteínas: 3,6 g

42. Deliciosa Tarta *Chocó* De Queso

Tiempo de preparación: 10 minutos

Tiempo de cocción: 15 minutos

Raciones: 8

INGREDIENTES:

- ⇒ 2 huevos
- ⇒ 2 cucharaditas de vainilla
- ⇒ 1/4 de taza de crema agria
- ⇒ 1/2 taza de harina de cacahuete
- ⇒ 3/4 de taza de Swerve
- ⇒ 450 g de queso crema
- ⇒ 1 cucharada de aceite de coco
- ⇒ 1/4 de taza de chispas de chocolate sin azúcar
- ⇒ 2 tazas de agua

INSTRUCCIONES:

1. En un bol grande, bata el queso crema y el swerve hasta que esté suave.
2. Poco a poco, añada la vainilla, la crema agria y la harina de cacahuete.
3. Añada los huevos de uno en uno y bata bien para combinar.
4. Rocíe un molde de 16 cm de diametro con spray para cocinar.
5. Vierta la masa en el molde preparado y cubra el molde con papel de aluminio.
6. Vierta 1 ½ tazas de agua en la olla instantánea y coloque un trébol (rejilla) en la olla.
7. Coloque el molde sobre el trébol.
8. Selle la olla instantánea con la tapa y cocine a alta presión durante 15 minutos.
9. Deje que se libere la presión de forma natural y abra la tapa.

10. Saque el molde de la olla y deje que se enfríe completamente.
11. En un bol apto para microondas, añada el aceite de coco y las pepitas de chocolate y caliente en el microondas durante 30 segundos. Remover bien.
12. Rocíe el chocolate derretido sobre la tarta de queso y mételo en la nevera durante 1 o 2 horas.
13. Serva frío y buen provecho.

NUTRICIÓN:

⇒ Calorías: 315
⇒ Grasa: 28,9 g
⇒ Carbohidratos: 5.3 g
⇒ Proteínas: 8,2 g

43. Barritas De Chocolate Negro

Tiempo de preparación: 10 minutos

Tiempo de cocción: 12 minutos

Raciones: 4

INGREDIENTES:

⇒ 1 huevo grande

⇒ 1 cucharadita de estevia

⇒ ½ taza de chocolate negro sin azúcar, rallado

⇒ 1 cucharada de cacao en polvo sin azúcar

⇒ ½ taza de mantequilla de almendras

⇒ ½ taza de leche de almendras sin azúcar

⇒ 1 cucharadita de vainilla

⇒ 2 tazas de harina de almendras

INSTRUCCIONES:

1. Vierta 2 tazas de agua en la olla instantánea, luego coloque una rejilla en la olla.
2. Forre una fuente de horno con papel vegetal y reserve.
3. Añada todos los ingredientes en el procesador de alimentos y procesa hasta que esté suave.
4. Transfiera la mezcla a la fuente de horno preparada y extienda uniformemente con las manos.
5. Cubra la fuente de horno con papel de aluminio y colóquela sobre la trébol de la olla instantánea.
6. Selle la olla instantánea con la tapa y seleccione manual y programe el temporizador para 12 minutos.
7. Libere la presión utilizando el método de liberación rápida y luego abra la tapa.
8. Retira la fuente de horno de la olla instantánea y deja que se enfríe durante 20 minutos.

9. Corte la barra en 4 partes y coloque en la nevera durante 1-2 horas.
10. ¡Buen provecho!

NUTRICIÓN:

⇒ Calorías: 321

⇒ Grasa: 26 g

⇒ Carbohidratos 13 g

44. Pastel De Matequilla Con Almendra y Canela

Tiempo de preparación: 10 minutos

Tiempo de cocción: 35 minutos

Raciones: 8

INGREDIENTES:

⇒ 2 huevos grandes
⇒ ¼ de cucharadita de especias para tarta de manzana
⇒ ¼ de cucharadita de canela
⇒ 1 cucharada de cacao en polvo sin azúcar
⇒ ½ taza de queso crema
⇒ ¼ de taza de mantequilla de almendras
⇒ ½ taza de Swerve
⇒ ½ taza de almendra picada
⇒ 1 taza de harina de coco
⇒ Un pellizco de sal

INSTRUCCIONES:

1. En un bol grande, mezcle la harina de coco, la especia para pastel de manzana, la canela, el swerve, las almendras y la sal hasta que estén bien combinados.
2. Poco a poco, añada los huevos, el queso crema y la mantequilla de almendras y bata con una batidora de mano hasta que se combinen.
3. Vierta 1 taza de agua en la olla instantánea, luego coloque un trébol en la olla.
4. Forre el molde desmontable con papel vegetal.
5. Vierta la masa en el molde preparado y extiéndala uniformemente. Cubra el molde con papel de aluminio y colóquelo sobre el trébol en la olla instantánea.

6. Selle la olla con la tapa y cocine a alta presión manual durante 35 minutos.
7. Libere la presión utilizando el método de liberación rápida, luego abra la tapa.
8. Saque el molde de la olla y dejelo enfriar durante 35 minutos.
9. Espolvoree cacao en polvo o almendras picadas por encima del pastel.
10. Corte y sirva.

NUTRICIÓN:

⇒ Calorías: 116
⇒ Grasa: 9,9 g
⇒ Carbohidratos: 3,4 g
⇒ Proteínas: 4,4 g

45. Tortitas Keto De Aguacate

Tiempo de preparación: 5 minutos

Tiempo de cocción: 2 minutos

Raciones: 4

INGREDIENTES:

- ⇒ 1 aguacate grande
- ⇒ 2 huevos
- ⇒ ½ taza de leche
- ⇒ ¼ taza de harina de almendra
- ⇒ ½ cucharadita de polvo de hornear
- ⇒ 1 cucharada de eritritol

INSTRUCCIONES:

1. Mezcle bien todos los ingredientes en una batidora hasta que esté uniforme.
2. Precaliente una sartén y cubrala con spray antiadherente.
3. Vierta la masa en la sartén ya preparada y cocine durante 2 minutos por cada lado.
4. ¡Sirva y buen provecho!

NUTRICIÓN:

⇒ Kcal por ración: 199
⇒ Grasa: 16 g
⇒ Proteínas: 7 g
⇒ Carbohidratos: 7 g

46. Barritas De Almendra Saludable

Tiempo de preparación: 10 minutos

Tiempo de cocción: 25 minutos

Raciones: 6

INGREDIENTES:

⇒ 2 huevos grandes

⇒ 1/2 cucharadita de vainilla

⇒ 2 ½ cucharadas de swerve

⇒ 2 cucharadas de mantequilla de almendras

⇒ ½ taza de aceite de coco

⇒ ¼ taza de harina de coco

⇒ 1 ½ taza de harina de almendra

⇒ Un pellizco de sal

INSTRUCCIONES:

1. Vierta 1 taza de agua en la olla instantánea, luego coloque un trébol en la olla.
2. Añada todos los ingredientes en un procesador de alimentos y procese hasta que estén bien combinados.
3. Coge un molde para hornear que quepa en tu olla instantánea. Forre el molde con papel vegetal.
4. Añada la masa al molde y extiéndela suavemente con la palma de las manos.
5. Coloque el molde sobre el trébol de la olla instantánea.
6. Selle la olla instantánea con la tapa y seleccione manual y programe el temporizador para 25 minutos.
7. Deje que se libere la presión de forma natural durante 10 minutos y luego libérela con el método de liberación rápida.
8. Abra la tapa con cuidado. Retire el molde de la olla instantánea y déjelo enfriar durante 20 minutos.

9. Cortar en barritas y meter en la nevera durante 1-2 horas.

NUTRICIÓN:

⇒ Calorías: 379
⇒ Grasa: 36,9 g
⇒ Carbohidratos: 8,3 g
⇒ Proteínas: 9,3 g

47. Mousse De Frutas Del Bosque

Tiempo de preparación: 10 minutos

Tiempo de cocción: 15 minutos

Raciones: 3

INGREDIENTES:

⇒ 1 taza de fresas picadas

⇒ 1 taza de frambuesas

⇒ ¼ de cucharadita de jengibre molido

⇒ 1 cucharadita de vainilla

⇒ ¼ de taza de nata líquida

⇒ 3 cucharadas de nata montada

⇒ 1 taza de leche de almendras sin azúcar

⇒ ¼ de taza de Swerve

⇒ Un pellizco de sal

INSTRUCCIONES:

1. Añada las bayas, ¼ de taza de agua y Swerve en la olla instantánea y cocine en modo salteado durante 10-12 minutos. Remover constantemente y triturar ligeramente.

2. Una vez que la mayor parte del líquido se haya evaporado de la mezcla de bayas, añada la leche de almendras y la vainilla. Mezcle bien y cocine durante 3-4 minutos más.

3. Incorporar la nata espesa, la nata montada, el jengibre y la sal.

4. Transfiera la mezcla de mousse a los cuencos para servir y colóquelos en el refrigerador durante 3-4 horas.

5. Sirva frío y buen provecho.

NUTRICIÓN:

⇒ Calorías: 133   Grasa: 9,9 g

⇒ Carbohidratos: 10,4 g   Proteínas: 1,7 g

48. Mousse De Chocolate Cremoso

Tiempo de preparación: 10 minutos

Tiempo de cocción: 20 minutos

Raciones: 5

INGREDIENTES:

⇒ 4 yemas de huevo

⇒ ½ cucharadita de vainilla

⇒ ½ taza de leche de almendras sin azúcar

⇒ 1 taza de nata para montar

⇒ ¼ taza de cacao en polvo sin azúcar

⇒ ¼ de taza de agua

⇒ ½ taza de Swerve

⇒ Un pellizco de sal

INSTRUCCIONES:

1. Coloque el huevo en un bol mediano y bátalo hasta que esté todo bien mezclado.
2. En un cazo, añada el cacao, el swerve y el agua, y caliente a fuego medio hasta que estén bien combinados.
3. Añada la leche de almendras y la nata al cazo y bata para combinar. Caliente la mezcla y retire del fuego. No deje hervir.
4. Añada la vainilla y la sal y mezcle bien.
5. Lentamente, vierta la mezcla de chocolate en la mezcla de huevos y bate constantemente hasta que esté bien combinada.
6. Vierta la mezcla en los ramequines engrasados.
7. Vierta 2 tazas de agua en la olla instantánea, luego coloque un trébol en la olla.
8. Colocar los ramekines encima del trébede.

9. Selle la olla con la tapa, seleccione manual y programe el temporizador para 6 minutos.
10. Libere la presión utilizando el método de liberación rápida, luego abra la tapa.
11. Saque los ramequines de la olla y déjelos enfriar completamente.
12. Colocar en la nevera durante 4-6 horas.
13. Servir frío y disfrutar.

NUTRICIÓN:

⇒ Calorías: 141
⇒ Grasa: 13,4 g
⇒ Carbohidratos: 3,9 g
⇒ Proteínas: 3,6 g

49. Tarta De Requesón y Limón

Tiempo de preparación: 10 minutos

Tiempo de cocción: 30 minutos

Raciones: 6

INGREDIENTES:

- ⇒ 2 huevos
- ⇒ 1 cáscara de limón
- ⇒ 1/3 de taza de queso ricotta
- ⇒ 1/4 de taza de *Truvia*
- ⇒ 220 g de queso crema
- ⇒ 1/2 cucharadita de extracto de limón
- ⇒ 1 jugo de limón

INSTRUCCIONES:

1. Añada todos los ingredientes, excepto los huevos, en el bol de la batidora y, con una batidora de mano, bata bien hasta que no queden grumos.
2. Añadia los huevos y bata hasta que estén bien combinados.
3. Vierta la masa en un molde de 20 cm de diametro y cubra con papel de aluminio.
4. Vierta 2 tazas de agua en la olla instantánea y coloque el trébol en la olla.
5. Coloque el molde para pastel sobre el trébede.
6. Selle la olla con la tapa y cocine a alta presión durante 30 minutos.
7. Deje que se libere la presión de forma natural y abra la tapa.
8. Saque el molde de la olla y deje que se enfríe completamente.
9. Introduzca en el frigorífico durante 5-6 horas.
10. Sirva y disfrute.

NUTRICIÓN:

⟹ Calorías: 178
⟹ Grasa: 15,8 g
⟹ Carbohidratos: 6 g
⟹ Proteínas: 6,4 g

50. Tortitas De Ñame Morado

Tiempo de preparación: 5 minutos

Tiempo de cocción: 8 minutos

Raciones: 4

INGREDIENTES:

1. ½ taza de harina de coco
2. 4 huevos
3. 1 taza de leche de coco
4. 1 cucharadita de goma guar
5. ½ cucharadita de polvo de hornear
6. 1 cucharada de aceite de coco
7. ¼ de taza de puré de ñame morado

INSTRUCCIONES:

1. Mezcle todos los ingredientes en una licuadora.
2. Precaliente una sartén y cúbrala con spray antiadherente.
3. Vierta la masa y cocine durante 2-4 minutos por cada lado.
4. ¡Buen provecho!

NUTRICIÓN:

⇒ Kcal por ración: 347
⇒ Grasa: 31 g
⇒ Proteínas: 11 g
⇒ Carbohidratos: 9 g

TABLAS DE CONVESIÓN DE MEDIDAS

Libras (lb)	Onzas (oz)	g
1 lb	16 oz	454 g
2 lb	32 oz	904 g
4 lb	64 oz	1808 g

Tazas	ml
¼ taza	60 ml
⅓ taza	80 ml
½ taza	120 ml
⅔ taza	160 ml
¾ taza	180 ml
1 taza	240 ml

Temperatura (C)	Temperatura (F)
110 C	225 F
120 C	250 F
135 C	275 F
150 C	300 F
165 C	325 F
175 C	350 F
190 C	375 F
205 C	400 F
220 C	425 F
230 C	450 F
245 C	475 F
260 C	500 F
290 C	550 F

Tazas	Cucharadas	Cucharaditas
¼ taza	4	12
⅓ taza	5	16
½ taza	8	24
⅔ taza	11	32
¾ taza	12	36
1 taza	16	48

Mantequilla (tazas)	Mantequilla (g)
¼ taza	58 g
½ taza	115 g
¾ taza	175 g
1 taza	230 g

Harina de trigo (tazas)	Harina de trigo (g)
¼ taza	35 g
⅓ taza	48 g
½ taza	70 g
⅔ taza	96 g
¾ taza	105 g
1 taza	140 g

Azúcar (tazas)	Azúcar (g)
¼ taza	50 g
⅓ taza	70 g
½ taza	100 g
⅔ taza	135 g
¾ taza	150 g
1 taza	200 g

Azúcar glacè (tazas)	Azúcar glacè (g)
¼ taza	40 g
⅓ taza	52 g
½ taza	80 g
⅔ taza	105 g
¾ taza	120 g
1 taza	160 g

KETO
Es Un
ESTILO
DE VIDA